허준

허준

유타루 글 이홍기 그림

비룡소

한 무리의 아이들이 길가에서 의원 놀이를 하고 있었어요.
"아이고, 나 죽네. 어디 의원 없소?"
한 아이가 다리를 절룩이며 아픈 체를 했어요.
"조금만 참으시오. 내 얼른 침을 놓아 드리리다."
준이는 솔잎으로 침놓는 시늉을 했어요.
"자, 이제 좀 어떻소?"
자리에서 일어난 아이가 깡충깡충 뛰며 말했어요.
"이야, 과연 병 잘 고치기로 이름난 의원답구먼."

이번에는 다른 아이가 준이 앞으로 왔어요.

"춥고 어질어질한 게 영 힘을 못 쓰겠소."

"고뿔(감기)이 들었구려. 칡뿌리를 푹 달인 물이니, 쭉 들이켜시오."

준이는 손을 오므려서 약 먹이는 시늉을 했어요.

그때 한 친구가 소리쳤어요.

"애들아, 서두르지 않으면 서당에 늦겠어."

준이는 친구들과 함께 책 보따리를 주워 들고 서둘러 서당을 향해 달려갔어요. 그러다가 그만 돌부리에 걸려 꽈당 넘어지고 말았지요.

준이가 바지를 걷어 보니 무릎에 시퍼런 멍이 들어 있었어요.
"아, 쓰려. 어디 보자……."
준이는 쑥을 뜯어 찧은 다음, 멍이 든 자리에 붙이고 바짓단을 떼어 잘 싸맸어요.

"네 이놈! 무얼 하느라 이리 늦었느냐! 글공부를 하려면 마음가짐부터 바르게 해야 하는 걸 모르느냐?"

서당에 늦은 준이는 훈장님께 꾸지람을 들었어요.

"잘못했습니다, 훈장님. 저는 다만 '신체발부 수지부모'라, 부모에게 물려받은 몸을 소중히 여기는 것이 효도의 시작이라는 말을 따랐을 뿐입니다."

준이의 대답에 훈장님이 놀란 얼굴로 되물었어요.

"네가 그 뜻을 안단 말이냐?"

친구들도 눈을 동그랗게 뜨고 준이를 쳐다봤어요.

준이는 차분하게 훈장님의 물음에 대답했어요.

"서당으로 오는 길에 넘어져서 정강이를 다쳤습니다. 그냥 왔으면 서당에는 늦지 않았겠지만, 상처가 덧나서 부모님께 걱정을 끼쳤을 것입니다."

훈장님은 준이를 물끄러미 바라보며 생각했어요.
'참으로 영특한 아이로구나. 하지만 재능이 아무리 뛰어나도 신분이 천하니 이를 어찌할꼬.'

준이는 양반인 아버지 허론과 어머니 영광 김씨 사이에서 서자(본부인이 아닌 다른 여자가 낳은 자식)로 태어났어요. 신분 사회였던 조선 시대에서 준이는 서자라는 이유로 차별을 받았어요. 아버지를 아버지라 부르지 못하고, 다른 하인들처럼 대감마님이라고 불러야 했지요.

한창 팔팔할 나이에도 준이의 표정은 어둡기만 했어요. 아버지가 고을 원님이라 서당에는 다닐 수 있었지만, 아무리 열심히 공부해도 벼슬을 할 수는 없었거든요. 어머니는 그런 준이를 볼 때마다 몰래 눈물을 지었어요.

"이게 다 못난 어미 탓이로구나. 네가 서자로 태어나지 않았더라면 과거도 보고, 높은 벼슬도 할 수 있었을 텐데."

아버지 허론도 준이가 딱하기는 마찬가지였어요.
　'저 영특한 아이를 어쩌면 좋단 말인가? 나라에서 법으로 신분에 따라 엄히 다스리고 있으니……. 한 고을을 다스리는 관리인데도 자식을 위해서 아무것도 할 수가 없구나.'

허론은 며칠 동안 깊이 생각한 끝에 조용히 준이를 불렀어요.

"준아, 이 고을에는 너를 모르는 사람이 없다. 이 때문에 네가 뭘 하든 남의 눈치를 보게 되고, 불편할 것 같구나. 그러니 너를 모르는 남쪽 땅으로 내려가거라. 거기서 자유롭게 네 뜻을 펼치며 원하는 삶을 살도록 해라."

준이는 깜짝 놀랐어요. 하지만 곧 마음을 가라앉히고 말했어요.

"고맙습니다, 아버지. 어디에서 살든 결코 아버지의 이름을 욕되게 하지 않겠습니다."

준이는 태어나서 처음으로 허론을 아버지라 불렀어요. 허론도 준이의 손을 따뜻하게 잡아 주었지요.

허준은 집을 떠나 남쪽으로 향했어요. 고개를 넘고 강을 건너자 눈앞에 높은 산봉우리들이 펼쳐졌어요. 허준은 두류산(지리산)이라 불리는 산자락에 어머니와 함께 살 집을 구했어요.

두류산에 사는 사람들은 너 나 할 것 없이 망태를 지고 산을 오르내렸어요.

"망태 안에 든 게 무엇이오?"

허준이 묻자, 털북숭이 사내가 혀를 끌끌 차며 대답했어요.

"이걸 모르다니 이곳 사람이 아니구려. 이것은 약초요. 여기서는 모두 약초를 캐서 먹고 산다오."

허준은 다음 날부터 약초 꾼들을 따라 산에 올랐어요. 하지만 도무지 어느 것이 약초고, 어느 것이 잡초인지
구별할 수가 없었어요. 허준이 아는 거라고는 고작 도라지와 더덕밖에 없었어요.

허준은 약초꾼들을 따라 이름도 모르는 약초를 캤어요. 처음에는 몇 뿌리밖에 캐지 못했지만, 날이 갈수록 망태에 약초를 가득 채울 수 있게 되었지요.

허준이 약초를 캐다 파는 의원의 집에는 항상 병자들로 가득했어요. 마당에는 병이 가벼운 사람들이 멍석을 깔고 앉아 있었고, 방 안에는 병이 중한 사람들이 누워 있었지요.

허준은 나이가 지긋한 약초꾼에게 물어보았어요.
"유명한 의원인가 보지요?"
"그걸 말이라고 하시오? 두류산 자락에 사는 사람치고 여기 의원님을 모르는 이가 없소."

그때 한 아낙이 아이를 안고 마당으로 뛰어들며 울부짖었어요.

"아이고, 의원님! 우리 아이 좀 살려 주세요!"

의원은 침착하게 아이를 받아 마루에 눕혔어요. 아이는 마치 죽은 것처럼 꼼짝도 하지 않았지요.

의원이 아낙에게 물었어요.

"언제부터 이런 것이오?"

"아까까지만 해도 멀쩡하던 아이가 떡을 먹다가 갑자기 얼굴이 파래지더니 숨을 안 쉽니다요."

아낙의 얘기를 들은 의원이 침을 꺼내 아이의 가슴과 목에 꽂았어요. 그러자 축 늘어져 있던 아이가 재채기를 하며 씹다 만 떡 덩어리를 뱉어 냈어요.

"떡이 숨구멍을 막아서 그랬던 것이오. 이제 괜찮을 거요."

"아이고, 의원님. 고맙습니다, 정말 고맙습니다."

아낙은 아이를 안은 채 의원에게 연방 고개를 숙였어요.

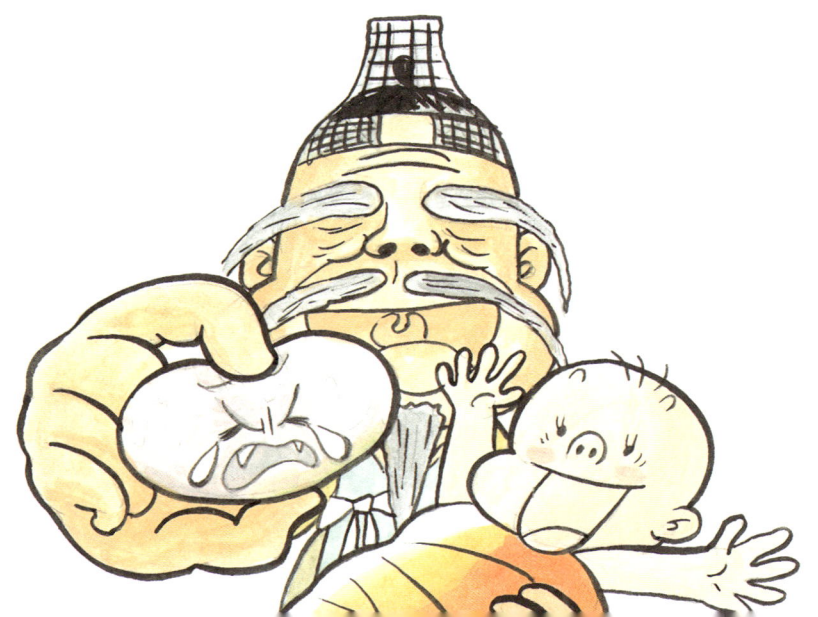

허준은 거의 죽은 것처럼 보이던 아이를 살려 낸 의원을 보고 크게 감동했어요.
  '세상에 사람 목숨보다 귀한 것은 없어. 아무리 돈이 많고 벼슬이 높아도 목숨과는 바꿀 수가 없으니까. 나도 사람의 목숨을 구하는 의원이 되고 싶어!'

며칠 후, 허준은 용기를 내어 의원을 찾아갔어요.

"의원님, 사람을 살리는 의원이 되고 싶습니다. 제게 의술을 가르쳐 주십시오."

의원은 아무 말 없이 허준을 쳐다보다가 문득 옆에 있던 약초를 들고 물었어요.

"이 약초의 이름이 무엇이냐?"

갑작스러운 질문에 허준은 대답을 못 하고 우물쭈물 했어요.

"네 이놈! 약초 이름도 제대로 모르면서 의원이 되겠다는 것이냐? 썩 물러가거라!"

허준은 부끄러움에 얼굴을 들지 못했어요. 의원의 말이 백번 옳다고 생각했지요.
　그날부터 허준은 약초를 캐러 다니면서 약초꾼들에게 약초 이름을 묻고 또 물었어요.
　"이건 무엇이오?"
　"정말, 귀찮게 하네. 감초요, 감초. 이건 참당귀고, 저기 저건 익모초와 쇠무릎, 잔대라는 약초요."
　허준은 틈이 날 때마다 약초의 생김새를 그리고 이름을 써 가며 열심히 공부했어요. 그렇게 한 해를 보내고 나자 모르는 약초가 없었지요.

허준은 다시 의원을 찾아갔어요. 이번에도 의원은 약초 하나를 들고 이름을 대 보라고 했어요. 허준은 망설임 없이 약초 이름을 말했어요.

"그래, 네 말대로 이건 당귀가 맞다. 그러면 당귀에는 어떤 약효가 있는지 말해 보아라."

허준은 다시 말문이 막혔어요. 의원은 그런 허준을 지그시 바라보다가 말했어요.

"이제부터는 약초 캐는 일은 그만두고, 약재 창고에서 일하도록 해라."

허준은 의원 집 약방지기가 되었어요.

처음 약재 창고에 들어간 날, 허준은 깜짝 놀랐어요. 산에서 보고 익혔던 것보다 훨씬 많은 약재들이 창고의 벽 시렁(나무 선반)마다 층층이 매달려 있었어요.

허준은 약초꾼들이 캐 온 약재를 작두로 잘라 시렁에 매달고, 맷돌로 갈아 약통에 넣었어요. 틈나는 대로 약효가 적힌 책을 읽는 것도 잊지 않았지요.

　약방지기로 여러 해를 보낸 어느 날, 의원이 허준을 불러 말했어요.
　"이제부터는 나를 따라다니며 내가 병자를 어떻게 치료하는지 보아라."
　허준은 쟁반에 수건을 들고 의원을 따라다니며 어깨너머로 의원이 병자를 치료하는 걸 지켜보았어요.

다시 몇 년이 지났어요. 허준은 의원이 병자를 진맥할 때 옆에서 병자의 증세를 기록하는 병부잡이가 되었어요.

병부잡이를 하면서 허준은 여러 병의 증세와 그 병에 맞는 치료법에 대해 더욱 자세히 알게 되었어요.

'피부에 가려움증과 붉은 반점이 생길 때는 갈근탕을, 갑자기 이가 아플 때는 감초탕을, 소화가 안 되고 배에서 보글거리는 소리가 날 때는 평위산을 쓰는구나.'

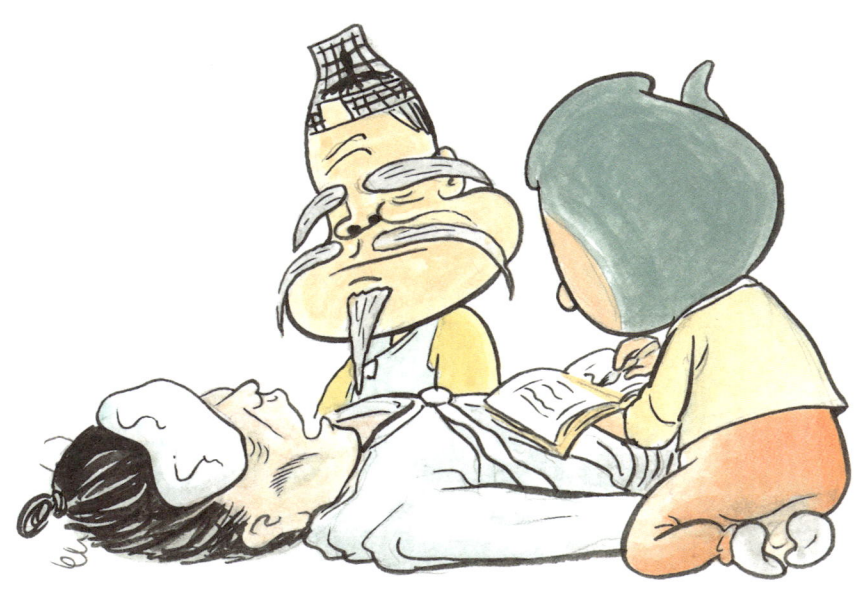

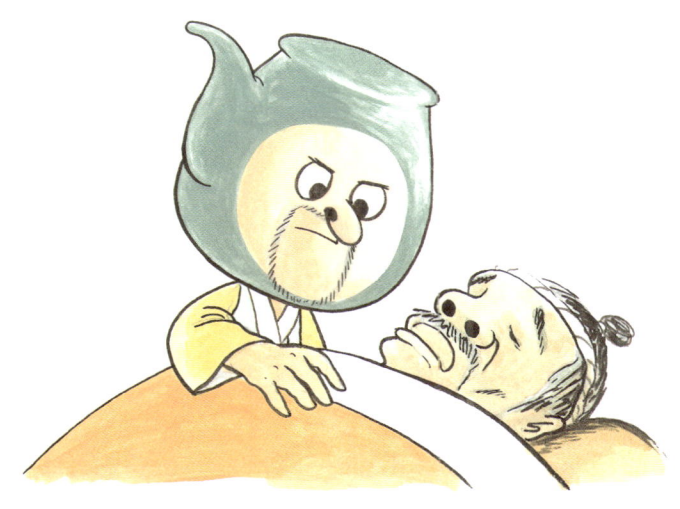

어느 날 병자를 보던 의원이 말했어요.
"이 병자는 네가 치료해 보아라."
허준은 깜짝 놀랐어요. 그동안 병부에 기록만 했지, 병자를 직접 치료해 본 적은 한 번도 없었거든요.
"겁낼 것 없다. 병자의 목숨을 네 목숨처럼 여기고, 네가 알고 있는 대로 성심성의껏 치료하면 된다."
허준은 의원의 말에 용기를 내어 눈앞의 병자를 살펴보았어요. 병자는 배가 아프고, 구역질이 나고, 똥을 잘 못 눈다는 걸로 보아 변비를 앓고 있는 듯했어요.
"대황 감초탕을 지어 주겠소. 야채와 과일을 많이 먹고 운동을 하면 병세가 나아질 것이오."

그날 이후 허준은 의원과 함께 병자들을 치료했어요. 병자들을 치료하면서 허준은 점점 더 생명의 소중함을 깨달았어요. 의원도 그런 허준을 믿고 아꼈지요.

허준은 의원에게 침술도 배우고 익혔어요.

"침은 아무 데나 놓는 게 아니다. 침을 놓는 자리가 따로 있으니, 그것을 '혈'이라고 한다. 혈의 크기는 좁쌀만 한데 그 한가운데 아주 작은 구멍이 있다. 그곳을 정확히 찾아 침을 놓아야 병자를 살릴 수 있다."

우리 몸의 각 부위

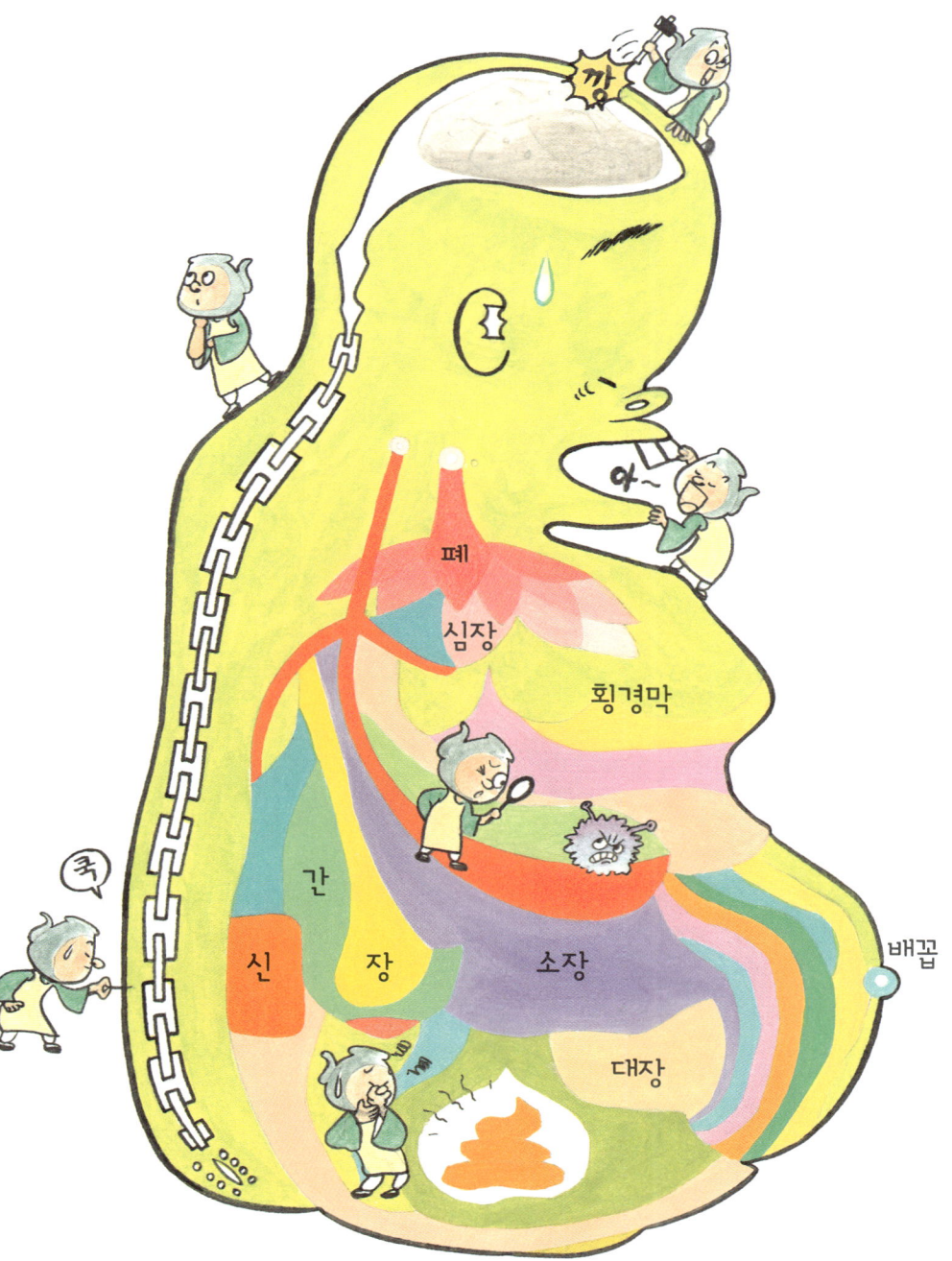

그러던 어느 날, 멀리 떨어진 마을의 양반 집에서 사람을 보내 의원을 급히 찾았어요.
"대감마님께서 의원님을 모셔 오라고 하십니다."
의원이 허준에게 말했어요.
"준아, 네가 다녀오거라. 이미 너는 환자를 돌보는 데 나와 차이가 없다."

의원의 말을 따라 허준은 고래 등 같은 기와집으로 갔어요. 판서 벼슬을 지낸 지체 높은 양반 집이었어요.

"내가 부른 의원은 이자가 아닌데."

유희춘은 젊은 허준을 믿지 못하는 눈치였어요. 하지만 허준은 아랑곳하지 않고 병자의 얼굴을 유심히 살폈어요. 병자는 유희춘의 부인으로, 오랫동안 병을 앓아 바싹 여위었어요.

'맥이 너무 약해. 먼저 기력부터 회복시켜야겠어.'

허준은 며칠 동안 부인에게 탕약을 먹여 기력을 보했어요. 그런 다음 가슴과 배꼽, 무릎, 복숭아뼈의 혈에 침을 놓았어요. 그러자 이제껏 누워서 꼼짝도 못 하던 부인이 벌떡 일어나 걸었어요.

그 일로 허준은 두류산 근방에서 모르는 이가 없는 유명한 의원이 되었어요.

"여기 허준이란 젊은 의원이 유 판서 댁 마님을 살렸다며?"

"아, 글쎄 침 한 방에 다 죽어 가던 사람이 벌떡 일어나 걸었다더군!"

소문이 퍼지자 사방에서 환자들이 몰려들었어요. 허준은 병자들을 진맥하고 치료하느라 눈코 뜰 새 없이 바빴지요.

　어느 늦은 밤, 병자들을 살피고 돌아온 허준에게 의원이 말했어요.
　"준아, 이제 그만 이곳을 떠나거라. 의술은 보다 많은 사람들을 위하는 데 그 참뜻이 있는 것이다. 그러니 내의원이 되어 더 많은 이들을 보살피도록 하여라."
　허준은 갑작스러운 스승의 말에 깜짝 놀랐어요. 하지만 더 많은 사람들에게 의술을 베풀기 위해 스승의 뜻에 따르기로 했어요. 허준은 스승에게 감사의 큰절을 올렸어요.

허준의 능력을 눈여겨본 유희춘의 추천으로 허준은 당당히 내의원이 되었어요.

내의원이라면 누구나 궁궐에서 왕과 왕의 가족들의 건강을 돌보기 바랐어요. 반대로 궁궐 밖에 있는 혜민서에서 일하는 것은 다들 꺼렸지요. 가난한 백성들을 치료하는 혜민서의 의원은 몸만 고달프고 돈을 벌거나 이름을 얻기는 힘들었거든요. 하지만 허준은 혜민서에서 가난하고 힘없는 백성들을 정성을 다해 돌보았어요.

'의술은 인술이야. 돈 없고 가난한 병자일수록 그 생명을 귀하게 여겨야 해.'

"참 이상하단 말이야. 허준 내의원님께 치료를 받으면 아픈 데가 더 잘 낫는 것 같으니……."

"나도 허 의원님께 진맥을 받으려고 일부러 기다리고 있다네."

혜민서를 찾은 병자들은 너도나도 허준에게 치료를 받으려고 했어요.

1575년, 왕의 건강을 돌보는 내의원의 우두머리인 어의가 혜민서로 허준을 찾아왔어요. 어의는 허준이 병자를 치료하면서 기록한 병부를 꼼꼼히 살펴본 뒤, 말했어요.
　"요즘 전하께서 수라상(임금에게 올리는 밥상)을 자꾸 물리시니 참으로 걱정이네. 허 의원, 자네가 전하를 한 번 진맥해 보겠나?"

허준은 선조의 용안(임금의 얼굴)을 살피고 진맥을 했어요. 선조의 병은 마음의 병이었어요. 대신들이 동인과 서인으로 패가 나뉘어 하루가 멀다 하고 서로 헐뜯고 싸웠거든요.

허준은 선조에게 간곡히 말했어요.

"전하, 부디 마음을 밝게 하시고, 옥체(임금의 몸)를 보존하소서. 전하께서 약해지시면 이 나라 백성들이 누구를 의지하겠습니까?"

그러자 선조가 빙그레 웃으며 말했어요.

"허준이라 했던가? 그대가 내 심정을 알아주는구나. 여봐라, 지금 당장 상을 들여오너라."

건강을 되찾은 선조는 늘 허준을 옆에 두고 아꼈어요.

허준은 선조를 돌보는 틈틈이 의학 책을 보고 부지런히 연구했어요. 궁궐의 도서관에는 지금껏 보지 못한 의학 책들이 아주 많았어요. 허준은 중국의 의학 책을 주의 깊게 보았어요. 조선의 의학은 중국의 영향을 많이 받았거든요.

　어느 날 중국의 의학 책을 읽던 허준이 눈살을 찌푸렸어요.
　'이렇게 틀린 내용이 많다니. 이대로 병자를 치료했다가는 병을 더 키우게 될 거야.'
　이 사실을 알게 된 선조가 허준에게 중국의 의학 책을 손보라고 했어요.

허준이 일을 마치고 돌아올 때쯤이면 집 밖에 병자들의 줄이 길게 늘어서 있었어요. 허준은 아무리 피곤해도 그 병자들을 그냥 돌려보내지 않았어요. 모두 집 안으로 들여 돈도 받지 않고 정성껏 진료해 주었지요. 약 살 돈이 없는 사람들에게는 돈도 쥐여 보냈어요.
 "임금님을 살피는 의원님께 진맥을 받는 것만도 황송한데 이렇게 약까지 지어 주시다니!"
 병자들은 눈물을 글썽이며 고마워했어요.

허준은 사람들이 돌아간 늦은 밤에야 책을 펼쳤어요. 하나하나 꼼꼼하게 책을 읽으면서 잘못된 부분을 찾아 바르게 고치고, 새로운 내용을 덧붙였어요. 그렇게 해서 1581년 허준은 중국의 의학 책인 『찬도맥결』의 수정을 마쳤어요.
 "참으로 잘 정리가 되었네. 의학을 모르는 사람이 읽어도 이해하는 데 전혀 어려움이 없겠소!"
 선조는 허준을 크게 칭찬했어요. 이 책은 훗날 『찬도방론맥결집성』이라는 이름으로 나오게 되었어요. 의과 시험을 볼 때 꼭 공부해야 할 중요한 책이 되었지요.

허준이 쉰두 살 때, 대궐 안이 발칵 뒤집히는 일이 일어났어요. 왕자 광해군이 두창에 걸린 거예요.

천연두, 마마라고도 불리는 두창은 한번 걸리면 살아나기 힘든 무서운 전염병이었어요. 살아난다 해도 얼굴이 우묵우묵한 곰보가 되기 일쑤였지요.

여러 내의원들이 왕자의 병을 치료하려고 나섰어요. 하지만 광해군의 병은 점점 더 깊어만 갔어요.

내의원들은 점점 두려움에 떨었어요. 왕자를 치료하다가 잘못되면 큰 벌을 받을 수도 있었거든요.

허준이 광해군을 치료해 보겠다고 나서자, 내의원들은 마침 잘되었다며 떠넘겼어요.
  "아무도 못 고치는 병을 허준이라고 고칠 리 없어."
  "암, 어림도 없지. 허준이 우리 대신 죄를 몽땅 뒤집어쓰게 될 거야."

허준의 하루

허준은 자신이 알고 있는 지식과 그동안의 경험을 모두 동원해 광해군을 치료했어요.
　열이 펄펄 끓고 먹기만 하면 모두 토해 내던 광해군도 허준의 정성에 조금씩 건강을 되찾았어요.
　그해 12월, 광해군은 마침내 병을 말끔히 털고 일어났어요. 얼굴에 곰보 하나 남지 않고 말이에요.

선조는 기쁨을 감추지 못하고, 허준에게 당상관이라는 높은 벼슬을 내렸어요. 그러자 몇몇 대신들이 허준에게 벼슬을 내리는 것을 반대하고 나섰어요.
"한낱 내의원에 불과한 자를 당상관에 임명하시다니, 말도 안 됩니다. 내의원 허준에게 내린 벼슬을 거두어 주십시오."

하지만 선조는 뜻을 굽히지 않았어요.
"듣기 싫다! 아무도 못 고친 왕자의 두창을 허준이 고치지 않았는가! 허준을 당상관에 임명한 것은 좋은 환경에서 의학을 연구하게 하려 함이니, 더는 말하지 마라!"

높은 벼슬자리에 오른 뒤에도 허준은 조금도 달라지지 않았어요. 이전과 다름없이 왕의 건강을 돌보고, 부지런히 백성들의 질병을 살폈지요.

허준이 쉰네 살 되던 해인 1592년, 왜군(일본의 군대)이 조선에 쳐들어왔어요. 패를 갈라 싸움만 일삼던 조정 대신들은 왜군의 침입에 속수무책으로 당했어요.

왜군들은 순식간에 한성까지 올라왔고, 선조는 한성을 떠나 북쪽으로 피란을 떠났어요. 많은 대신들이 자기 목숨을 지키고자 선조를 따르지 않고 도망쳤어요. 허준을 비롯한 몇몇 대신만 남아 선조의 곁을 지켰지요.

피란길은 몹시 힘들었어요. 허준은 선조의 건강을 지키기 위해 최선을 다했어요.

'이런 때에 전하의 옥체가 상하신다면 이 나라의 앞날은 깜깜해질 거야.'

전쟁 중이라 약재를 구하기가 힘들었어요. 허준은 매일 산과 들을 돌아다니며 캔 약초로 탕약을 지어 선조에게 바쳤어요.

허준의 노력 덕분에 선조는 차츰 건강을 되찾았어요. 때맞추어 곳곳에서 의병들이 일어나 왜군들에 맞서 싸우기 시작했어요. 남해 바다에서는 이순신 장군이 왜군들을 크게 물리쳤지요.

1593년 10월, 허준은 선조와 함께 한성으로 돌아왔어요. 전쟁의 상처는 크고 깊었어요. 나라 곳곳에서 전염병이 돌았고, 백성들은 약 한번 쓰지 못하고 목숨을 잃었어요.

'누구나 쉽게 약을 쓸 수 있도록 알려 주는 책이 있으면 이처럼 허무하게 죽지 않을 텐데.'

허준은 한 명이라도 더 많은 사람을 구하려고 밤낮없이 뛰어다녔어요.

1596년 선조가 허준을 불렀어요.

"전쟁 중에 질병으로 고통받는 백성들을 보면서 몹시 괴로웠소. 앞으로 그런 일이 없게 하려면 백성들 누구나 읽을 수 있고, 스스로 병을 치료할 수 있는 의학 책이 있어야 할 것이오."

"전하, 소인도 줄곧 그것을 생각하고 있었습니다."

허준은 몇몇 내의원과 함께 새로운 의학 책을 쓰기 시작했어요.

　그동안 우리나라의 의원들은 중국의 의학 책을 보고 병자를 치료해 왔어요. 허준은 그 점이 잘못이라고 생각했어요.

　'중국 사람들과 우리나라 사람들은 먹는 음식도, 사는 환경도 다르다. 그러니 우리나라 사람들에게 처방하는 약이나 치료법은 마땅히 중국과 달라야 해.'

　허준은 수많은 치료법 가운데서 우리나라 사람에게 가장 효과가 좋은 것을 가려 뽑았어요. 그리고 오랫동안 병자들을 치료하면서 경험한 지식을 보탰어요.

　하지만 병의 종류는 헤아릴 수 없이 많았고, 수천 가지가 넘는 약재를 병의 증세에 맞게 정리하는 것은 쉬운 일이 아니었어요.

1597년, 왜군들이 또 쳐들어왔어요. 함께 책을 쓰던 내의원들은 뿔뿔이 흩어져 피란을 갔어요. 하지만 허준은 혼자 남아 묵묵히 책을 계속 썼지요.

이듬해 전쟁이 끝나고 한성으로 돌아온 내의원들과 대신들은 모두 허준을 비웃었어요.

"흥, 내의원들이 다 모여서 해도 힘든 일을 혼자서 하겠다고? 웃기지도 않는군!"

주위의 쑥덕거리는 소리에도 허준은 꿈쩍하지 않고 연구를 거듭했어요.

오랜 노력 끝에 1608년 허준은 『언해구급방』과 『언해두창집요』라는 책을 펴냈어요.

『언해구급방』은 사고로 상처를 입었거나 의원을 부를 겨를이 없을 때 환자를 치료하는 방법을 쓴 책이었어요. 『언해두창집요』는 천연두의 예방법과 치료법에 관한 책이었지요. 허준은 두 책 모두 한글로 풀어 써서 백성들도 쉽게 읽을 수 있게 했어요.

"하마터면 자네 손자가 목숨을 잃을 뻔했다지?"

"말도 말게. 『언해구급방』이 있었기 망정이지, 안 그랬다면 열로 몸이 펄펄 끓는 아이를 구할 수 없었을걸세."

　선조는 백성의 건강을 지키는 데 큰 공을 세운 허준을 칭찬했어요.
　"백성들이 스스로 건강을 지킬 수 있게 한글로 의학책을 지은 그대는 참으로 의로운 의원이오."
　그 후 허준은 선조의 배려로 오로지 새로운 의학 책을 쓰는 데만 골몰했어요.

1608년, 선조가 큰 병이 들어 자리에 누웠어요. 허준은 최선을 다해 선조를 돌봤지만, 선조는 끝내 눈을 감고 말았지요.

조선 시대에는 왕이 죽으면 어의에게 그 죄를 물어 벌을 주었어요. 허준은 어의 자리에서 쫓겨나 귀양을 가게 되었어요.

전하……

힘든 귀양살이 중에도 허준은 의학 책 쓰는 일을 멈추지 않았어요. 약 한 번 쓰지 못하고 시름시름 앓다가 눈을 감은 수많은 백성들을 떠올리면 잠시도 멈출 수가 없었지요.

그대는 백성을 위하는 참으로 의로운 의원이오.

1610년, 허준은 마침내 『동의보감』을 완성했어요. 책을 쓰기 시작한 지 십사 년 만이었지요.

모두 스물다섯 권으로 이루어진 『동의보감』은 우리나라 한의학의 백과사전이었어요. 책 제목인 '동의'는 동쪽에 있는 우리나라 고유의 의학이란 뜻이에요. '보감'은 세상의 모든 병이 거울에 비춘 듯 훤해진다는 뜻이지요.

허준은 『동의보감』에서 각 병의 증세와 처방을 빠짐없이 기록했을 뿐 아니라, 어떻게 그런 처방이 나오는지도 밝혔어요. 또 약재를 보통 사람들이 흔히 말하는 이름으로 풀어 써서 쉽게 구할 수 있도록 했어요. 오랫동안 병자를 돌본 경험을 살려 약을 얼마나, 어떻게 먹어야 하는지도 상세히 적어 두었지요.

광해군의 부름으로 다시 내의원이 된 허준은 온갖 질병과 전염병으로부터 백성들을 지키며 남은 일생을 보냈어요.

낮은 신분으로 태어났지만 한결같은 노력과 열정으로 내의원 최고 어의 자리에 오른 허준.

허준이 지은 『동의보감』은 우리 민족의 건강을 지켰을 뿐 아니라, 이웃 나라 중국과 일본에까지 널리 알려졌어요. 중국에서는 『동의보감』을 '천하의 보물'이라 칭찬하였고, 일본에서는 '의원들에게 꼭 필요한 보배'라 하며 의학 교과서로 삼았어요.

허준은 돈이 많든 적든, 신분이 높든 낮든 상관없이 병자를 병자로만 보았어요. 오로지 병을 치료하는 데 온 정성을 쏟은 허준은 조선 최고의 의원이에요. 생명을 소중히 여긴 허준의 높은 뜻은 오늘날까지도 많은 사람들에게 감동을 주고 있어요.

♣ 사진으로 보는 허준 이야기 ♣

조선 최고의 의원 허준

　조선 시대에는 엄격한 신분 제도가 있어 양반이 아닌 사람은 벼슬을 할 수 없었어요. 부모의 신분이 다를 경우, 자식은 낮은 신분의 부모를 따랐지요. 어려서부터 영특하기로 소문난 허준은 어머니의 신분이 낮아 벼슬을 할 수 없었지만, 의학에 뜻을 품고 열심히 공부했어요. 그 결과, 다 죽어 가던 양반 마님의 병을 고쳐 전국에서 허준을 모르는 사람이 없을 정도로 유명해졌어요.

허준은 비록 양반은 아니었지만 열심히 노력하여 조선 최고의 의원이 되었어요.

허준이 살았던 당시에 사용된 약저울(왼쪽)과 침통(오른쪽)이에요. 허준은 이 간단한 도구만으로 수많은 병자의 목숨을 구했어요.

    허준은 자신의 일에 책임감이 강한 의원이었어요. 서른한 살에 내의원에 들어간 후, 하루도 빠짐없이 진료 일기를 썼어요. 그 일기가 내의원 책임자의 눈에 들어 1575년부터 임금을 직접 진찰하게 되었지요. 이뿐만 아니에요.

    1590년, 왕세자 광해군이 두창에 걸려 다른 내의원들이 발뺌하는 중에도 허준은 왕세자의 병을 고치는 데에 앞장섰어요. 1592년에 임진왜란이 일어났을 때에는 끝까지 임금의 곁을 떠나지 않았지요.

    이렇듯 자신이 처한 상황에 실망하지 않고 맡은 바 책임을 다한 허준은 나라에 큰 공을 세운 관리에게나 주는 벼슬을 하게 되었어요. 당시 의원은 아무리 노력해도 정3품 당하관밖에 오르지 못했지만, 허준은 정3품 당상관에 올랐어요. 또 나라의 보물이 된 『동의보감』을 완성하였고, 죽은 후에는 관직 최고의 영예인 정1품 보국숭록대부에 올랐답니다.

중국과 일본에서도 탐내는 의학 책, 『동의보감』

16세기에 들어서면서 우리나라에 역병이 돌기 시작했어요. 엎친 데 덮친 격으로 왜군이 쳐들어와 큰 난리가 일어나자 백성들은 굶주림과 질병으로 죽어 갔지요. 하지만 당시 한문으로 되어 있는 의학 책의 처방전은 의원이 아닌 보통 사람들이 읽기 어려웠어요. 또 책에 나온 약은 중국의 약이라 구하기가 힘들 뿐더러 턱없이 비쌌지요. 그러자 1596년, 선조는 백성들을 위한 의학 책을 펴내라고 명했어요. 허준은 선조의 명을 받들어 서둘러 의학 책 연구를 시작했어요.

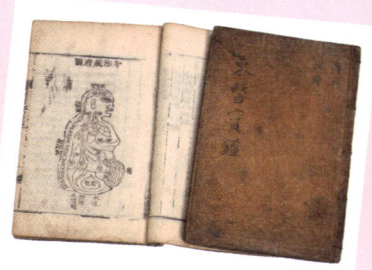

우리나라 국보 제319호인 『동의보감』이에요. 이 책은 오늘날에도 사람들이 살아가는 데 꼭 필요한 의학 정보를 제공하고 있어요.

2009년 9월, 『동의보감』의 유네스코 세계 기록 유산 등재 기념식이 창덕궁에서 열렸어요.

1610년, 마침내 십여 년의 연구 끝에 허준은 각종 병의 진단과 처방을 엮은 『동의보감』을 펴냈어요. 『동의보감』은 허준이 환자들을 직접 돌본 경험과 중국의 의학 책을 참고하여 총 스물다섯 권으로 완성했어요. 수백여 종의 약초 이름과 탕약을 한글로 풀어 적어 우리나라 사람이라면 누구나 읽을 수 있게 했지요.

『동의보감』은 중국과 일본 등 동양 의학에서 가장 우수한 의학책으로 손꼽혀요. 또한 동양 의학의 백과사전으로 우리나라뿐만 아니라 중국과 일본에서도 의사라면 반드시 읽어야 할 책으로 널리 알려졌어요. 동양 한의학을 체계적으로 완성하고 사람들의 건강을 지켜 낸 『동의보감』은 지난 2009년에는 유네스코 세계 기록 유산으로 지정되었어요.

광해군의 목숨을 노린 병, 두창

천연두, 마마로도 불리는 두창은 조선 시대에 자주 발생했어요. 전염되는 속도가 매우 빠르고 한번 걸리면 목숨을 앗아 가기 일쑤였지요. 하지만 언제, 어떻게 병이 생기는지 아는 사람은 아무도 없었어요. 사람들은 두창을 호랑이에게 물려 죽는 호환보다 무서운 귀신이라며 '호환 마마'라고 불렀어요.

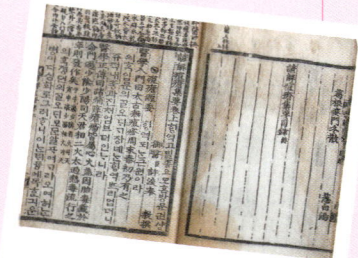

의학 책 『언해두창집요』예요. 백성들이 쉽게 두창에 대해 알 수 있도록 허준이 한글로 풀어 쓴 거예요.

두창에 걸리면 몸에 고열이 나고, 붉은 종기가 생겼어요. 병이 낫는다고 하더라도 우묵우묵한 흉터가 남았지요. 당시의 치료법과 예방법이라고는 말린 지치의 뿌리를 달인 물로 씻고, 환자를 다른 곳에 떼어 놓거나 엄격하게 음식 관리를 하는 것뿐이었어요. 그러다 보니 사람들은 두창에 걸린 광해군을 살려 낸 허준을 하늘이 내린 명의라고 칭송했어요. 허준은 두창의 원인과 예방법, 치료법을 한글로 풀어 쓴 『언해두창집요』를 냈지요.

그 후 정조 때에 정약용이 중국에서 인두종법을 들여왔어요. 인두종법은 강력한 두창의 독을 몸에 넣어 몸 안의 두창 독을 죽이는 방법이에요. 이때부터 차츰 서양에서 발달한 두창 예방법이 알려진 거예요. 그러고는 1885년 지석영이 종두법을 보급해 예방 접종이 이루어지자 점점 두창 환자는 생기지 않게 되었어요.

한의학과 양의학

병을 진단하고 치료하는 방법에서 의학은 한의학과 양의학으로 나눌 수 있어요.

고대 중국에서 시작되어 동양을 중심으로 발전한 의학을 한의학이라고 해요. 한의학에서 병은 사람의 행동이나 환경에 크게 영향을 받는다고 생각해요. 그래서 병을 진단할 때에는 사람의 얼굴색과 몸짓, 기운을 관찰하거나 진맥을 짚어 병을 알아내요. 그 후 오랜 시간에 걸쳐 자연에서 채취한 약초로 달인 약이나 침, 뜸을 놓아 치료하지요. 이 방법은 몸 전체의 조화를 우선으로 생각하는 한의학 고유의 치료 방법이에요.

약탕고의 모습이에요. 한의학에서 다루는 수많은 약초들을 잘게 썰고 갈아 보관하는 곳이죠.

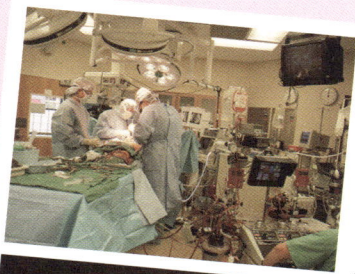

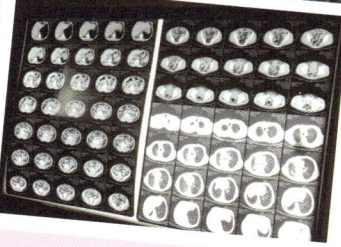

양의학에서는 엑스선이나 최첨단 장비를 이용하여 정확한 병명을 알아내요. 또한 병의 상태에 따라 수술을 하거나 약물 치료를 하지요.

반면 서양에서 시작된 양의학은 병원균을 연구하여 발달한 의학이에요. 양의학에서는 병이 생기는 바이러스를 찾아내어 병을 예방하는 게 중요하다고 생각해요. 병이 난 후에는 화학적으로 만든 약으로 몸에 전염된 바이러스를 없애거나 수술을 통해 병을 치료하지요. 그래서인지 양의학은 각 질병에 따라 연구 분야가 나뉘고, 병이 난 곳을 집중적으로 짧은 시간 내에 치료해요.

최근에는 한의학과 양의학의 장점만을 받아들여 짧은 시간 내에 정확한 병명을 알아내고, 몸의 조화를 고려하여 치료하는 연구가 활발하게 진행되고 있답니다.

함께 보면 쏙쏙 이해되는 역사

◆ 1539년
경기도 양천에서 태어남.

1530

1550

● 1559년
임언국이 절개 수술법을
정리한 『치종비방』을 펴냄.

◆ 1590년
왕세자 광해군의
두창을 치료함.

◆ 1581년
중국 의학 책
『찬도맥결』의 수정
작업을 마침.

◆ 1592년
임진왜란이 일어나자
선조를 수행함.

1580

1590

◆ 허준의 생애
● 조선 의학의 역사

◆ 1569년
내의원이 됨.

◆ 1573년
선조를 진료하기 시작함.

1560 | **1570**

◆ 1608년
『언해구급방』,
『언해두창집요』를 펴냄.
선조가 세상을 떠나
의주로 귀양을 감.

◆ 1609년
귀양살이에서 풀려나
광해군의 어의가 됨.

◆ 1610년
『동의보감』을 완성함.

◆ 1615년
세상을 떠남.

1600 | **1610~**

● 1612년
허준이 교정한
중국 의학 책
『찬도방론맥결집성』이
나옴.

추천사

「새싹 인물전」을 펴내면서

　요즈음 아이들에게 '훌륭한 사람'이 누구냐고 물으면 '돈 많이 버는 사람'이라고 대답한다고 합니다. 초등학생의 태반은 가수나 배우가 되고 싶어 하고요. 돈 많이 버는 사람이나 연예인이라는 직업이 나쁘다는 것이 아니라, 아이들이 각자가 갖고 있는 재능과는 상관없이 모두 똑같은 꿈을 갖는 것 같아 걱정입니다. 또 한편으로는 아이들이 진정 마음으로 닮고 싶은 사람에 대한 정보가 부족한 것은 아닌가 하는 생각도 듭니다.

　어릴수록 위인 이야기의 힘은 큽니다. 아직 어리고 조그마한 아이들은 자신이 보잘것없다고 생각하고 위인들의 성공에 감탄합니다. 하지만 그네들에게는 끝없이 열린 미래가 있습니다. 신화처럼 빛나는 위인들의 모습은 아이들에게 훌륭한 역할 모델이 되고, 그런 삶을 살기 위해 무엇을 어떻게 해야 할지를 알려 주는 밝은 등대가 됩니다.

　그렇다면 우리가 어른으로서 아이들에게 권해야 할 위인전은 무엇일까요? 보통 우리가 생각하는 '위인'은 훌륭한 업적을 남긴

위대한 사람, 멋지고 능력 있는 사람입니다. 하지만 시대가 변했으니 아이들이 역할 모델로 삼을 수 있는 위인의 정의나 기준도 변해야 할 것입니다.

그런 의미에서 비룡소의 「새싹 인물전」은 종래의 위인전과는 다른 점이 많습니다. 시리즈 이름이 '위인전'이 아닌 '인물전'이라는 데 주목하기 바랍니다. 「새싹 인물전」은 하늘에서 빛나는 위인을 옆자리 짝꿍의 위치로 내려놓습니다. 만화 같은 친근한 일러스트는 자칫 생소할 수 있는 옛사람들의 이야기를 일상에서 만날 수 있는 재미있는 사건처럼 보여 줍니다.

또 하나, 「새싹 인물전」에는 위인전에 단골로 등장하는 태몽이나 어린 시절의 비범한 에피소드, 위인 예정설 같은 과장이 없습니다. 사실 이런 이야기들은 현대를 사는 아이들에게는 황당하고 이해하기 힘든 일일 뿐입니다. 그보다는 천 리 길도 한 걸음부터, 큰 성공도 자잘한 일상의 인내와 성실함이 없었다면 이루어질 수 없었다는 것을 알려 주는 것이 중요합니다. 세상 사람들의 우러름을 받는 이들도 여느 아이들과 같은 시절을 겪었음을 보여 줌으로써, 아이들에게 괜한 열등감을 주지 않고 그네들의 모습을 마음속에 담을 수 있도록 해 주는 것입니다.

 덧붙여 위인전이란 그 인물이 얼마나 훌륭한 업적을 남겼는가 보여 주는 것도 중요하지만, 얼마나 참된 인간다움을 보였는가를 알려 줄 필요도 있습니다. 여기서 '인간다움'이란 기본적인 선함과 이해심, 남을 위해 봉사할 수 있는 사랑과 배려, 그리고 한 가지 목표를 설정하고 앞으로 나아갈 수 있는 의지와 용기를 말합니다. 성취라는 결과보다는 성취하기 위한 과정을 보여 주고, 사회적인 성공보다는 한 인간으로서 얼마나 자기 자신에게 철저하고 진실했는지를 보여 주는 것이 중요하다는 것입니다.

 하지만 아무리 좋은 가르침도 사랑과 따뜻함이 없으면 억누름과 상처가 될 뿐이겠지요. 「새싹 인물전」은 나의 노력과 의지에 따라 얼마든지 의미 있는 삶을 살 수 있음을 알려 줍니다. 내가 알고 있는 삶 외에도 또 다른 삶이 존재할 수 있다는 것, 꿈을 키우고 이루어 가는 과정에서 배우고 경험하게 되는 것들의 가치, 그런 따뜻함을 담고 있는 위인전입니다. 부디 이 책이 삶의 첫발을 내딛는 아이들에게 좋은 길잡이가 되었으면 하는 바람입니다.

기획 위원

박이문(전 연세대 교수, 철학)
장영희(전 서강대 교수, 영문학)
안광복(중동고 철학 교사, 철학 박사)

● 사진 제공
64, 65쪽, 66쪽(위), 67쪽_ 허준 박물관. 66쪽(아래)_ 연합 뉴스.
68, 69쪽_ 토픽 포토 에이전시.

글쓴이 **유타루**
전북 부안에서 태어나 한국 외국어 대학교 아프리카어과를 졸업했다.『별이 뜨는 꽃담』으로 창원 아동 문학상과 송순 문학상을 받았다. 지은 책으로『김홍도』,『방정환』,『장영실』,『촌수 박사 달찬이』,『마법 식탁』등이 있다.

그린이 **이홍기**
만화를 그리고 어린이 책에 그림을 그린다. 극장용 장편 애니메이션「아치와 씨팍」에서 캐릭터 디자인과 배경 콘셉트 작업을 했고, 어린이 잡지《고래가 그랬어》에「불한당들의 세계사」와「마꼬야 힘내!」등을 연재했다. 그린 책으로 『강감찬』,『나도 저작권이 있어요!』등이 있다.

새싹 인물전 **허준**
039

1판 1쇄 펴냄 2010년 12월 10일   1판 10쇄 펴냄 2020년 5월 22일
2판 1쇄 펴냄 2021년 5월 28일   2판 3쇄 펴냄 2024년 1월 18일

글쓴이 유타루   그린이 이홍기
펴낸이 박상희   편집장 전지선   편집 송재형   디자인 박연미, 이유림
펴낸곳 **(주)비룡소**   출판등록 1994.3.17. (제16-849호)
주소 06027 서울시 강남구 도산대로1길 62 강남출판문화센터 4층
전화 02)515-2000   팩스 02)515-2007   홈페이지 www.bir.co.kr
제품명 어린이용 각양장 도서   제조자명 **(주)비룡소**   제조국명 대한민국   사용연령 3세 이상

ⓒ 유타루, 이홍기, 2010. Printed in Seoul, Korea

ISBN 978-89-491-2919-8 74990
ISBN 978-89-491-2880-1 (세트)

「새싹 인물전」 시리즈

001 **최무선** 김종렬 글 이경석 그림
002 **안네 프랑크** 해리엇 캐스터 글 헬레나 오웬 그림
003 **나운규** 남찬숙 글 유승하 그림
004 **마리 퀴리** 캐런 월리스 글 닉 워드 그림
005 **유일한** 임사라 글 김홍모·임소희 그림
006 **윈스턴 처칠** 해리엇 캐스터 글 린 윌리 그림
007 **김홍도** 유타루 글 김홍모 그림
008 **토머스 에디슨** 캐런 월리스 글 피터 켄트 그림
009 **강감찬** 한정기 글 이홍기 그림
010 **마하트마 간디** 에마 피시엘 글 리처드 모건 그림
011 **세종 대왕** 김선희 글 한지선 그림
012 **클레오파트라** 해리엇 캐스터 글 리처드 모건 그림
013 **김구** 김종렬 글 이경석 그림
014 **헨리 포드** 피터 켄트 글·그림
015 **장보고** 이옥수 글 원혜진 그림
016 **모차르트** 해리엇 캐스터 글 피터 켄트 그림
017 **선덕 여왕** 남찬숙 글 한지선 그림
018 **헬렌 켈러** 해리엇 캐스터 글 닉 워드 그림
019 **김정호** 김선희 글 서영아 그림
020 **로버트 스콧** 에마 피시엘 글 데이브 맥타가트 그림
021 **방정환** 유타루 글 이경석 그림
022 **나이팅게일** 에마 피시엘 글 피터 켄트 그림
023 **신사임당** 이옥수 글 변영미 그림
024 **안데르센** 에마 피시엘 글 닉 워드 그림
025 **김만덕** 공지희 글 장차현실 그림
026 **셰익스피어** 에마 피시엘 글 마틴 렘프리 그림
027 **안중근** 남찬숙 글 곽성화 그림
028 **카이사르** 에마 피시엘 글 레슬리 뷔시커 그림
029 **백남준** 공지희 글 김수박 그림
030 **파스퇴르** 캐런 월리스 글 레슬리 뷔시커 그림

031 **유관순** 유은실 글 곽성화 그림
032 **알렉산더 벨** 에마 피시엘 글 레슬리 뷔시커 그림
033 **윤봉길** 김선희 글 김홍모·임소희 그림
034 **루이 브라유** 테사 포터 글 헬레나 오웬 그림
035 **정약용** 김은미 글 홍선주 그림
036 **제임스 와트** 니컬라 백스터 글 마틴 렘프리 그림
037 **장영실** 유타루 글 이경석 그림
038 **마틴 루서 킹** 베르나 윌킨스 글 린 윌리 그림
039 **허준** 유타루 글 이홍기 그림
040 **라이트 형제** 김종렬 글 안희건 그림
041 **박에스더** 이은정 글 곽성화 그림
042 **주몽** 김종렬 글 김홍모 그림
043 **광개토 대왕** 김종렬 글 탁영호 그림
044 **박지원** 김종광 글 백보현 그림
045 **허난설헌** 김은미 글 유승하 그림
046 **링컨** 이명랑 글 오승민 그림
047 **정주영** 남경완 글 임소희 그림
048 **이호왕** 이영서 글 김홍모 그림
049 **어밀리아 에어하트** 조경숙 글 원혜진 그림
050 **최은희** 김혜연 글 한지선 그림
051 **주시경** 이은정 글 김혜리 그림
052 **이태영** 공지희 글 민은정 그림
053 **이순신** 김종렬 글 백보현 그림
054 **오드리 헵번** 이은정 글 정진희 그림
055 **제인 구달** 유은실 글 서영아 그림
056 **가브리엘 샤넬** 김선희 글 민은정 그림
057 **장 앙리 파브르** 유타루 글 하민석 그림
058 **정조 대왕** 김종렬 글 민은정 그림
059 **나폴레옹 보나파르트** 남찬숙 글 남궁선하 그림
060 **이종욱** 이은정 글 우지현 그림

061	**박완서**	유은실 글 이윤희 그림
062	**장기려**	유타루 글 정문주 그림
063	**김대건**	전현정 글 홍선주 그림
064	**권기옥**	강정연 글 오영은 그림
065	**왕가리 마타이**	남찬숙 글 윤정미 그림
066	**전형필**	김혜연 글 한지선 그림
067	**이중섭**	김유 글 김홍모 그림
068	**그레이스 호퍼**	박주혜 글 이해정 그림

◆ 계속 출간됩니다.